EXPOSÉ DES TITRES

ET

TRAVAUX SCIENTIFIQUES

DU

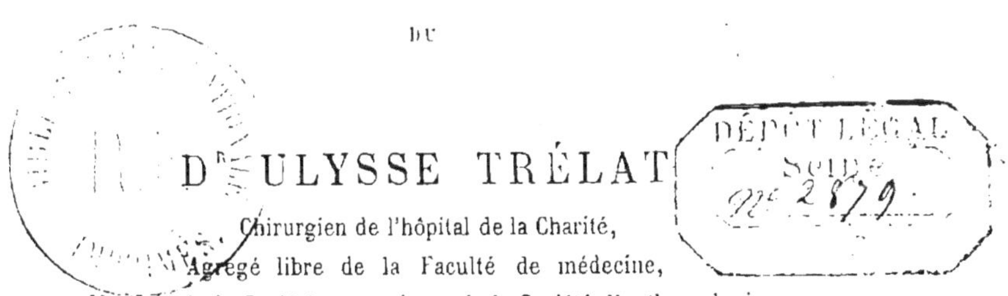

D' ULYSSE TRÉLAT

Chirurgien de l'hôpital de la Charité,
Agrégé libre de la Faculté de médecine,
Membre de la Société anatomique, de la Société d'anthropologie,
Vice-président de la Société de chirurgie
Et de la Société médicale du VIe arrondissement.

PARIS

IMPRIMERIE DE E. MARTINET

RUE MIGNON, 2

1872

TITRES

—

1847. Externe.

1849. Interne. Salpêtrière, médaille d'argent du choléra.

1853. Lauréat des hôpitaux.

— Aide d'anatomie à la Faculté.

1854. Docteur en médecine.

1856. Prosecteur.

1857. Agrégé en chirurgie à la Faculté.

1860. Chirurgien du Bureau central des hôpitaux.

1864. Chirurgien en chef de la Maternité.

1867. Chirurgien de l'hôpital Saint-Antoine.

1868. Chirurgien de l'hôpital Saint-Louis.

1869. Chirurgien de l'hôpital de la Pitié.

1872. Chirurgien de l'hôpital de la Charité.

1870-1871. Six mois de campagne comme chirurgien en chef de la 5e ambulance de la Société de secours aux blessés.

1870. Chevalier de la Légion d'honneur.

Membre de la Société anatomique, secrétaire en 1856, vice-président en 1857.

Membre de la Société d'anthropologie, secrétaire en 1861 et 1862.

Membre de la Société de chirurgie, secrétaire en 1864, secrétaire général en 1868, vice-président en 1872.

ENSEIGNEMENT

Cours d'anatomie et de médecine opératoire dans les
amphithéâtres de l'École pratique, de 1853 à 1857.

Cours officiel d'anatomie fait à l'École pratique, en rem-
placement du chef des travaux anatomiques. Hiver
de 1857-1858.

Cours public sur les maladies chirurgicales congénitales.
Hivers de 1859 et 1860.

Cours public de chirurgie. Étés de 1860 et 1861.

Conférence d'histoire chirurgicale dans le grand amphithéâtre de la Faculté, 1865. — *Wurtzius.*

Conférences de clinique chirurgicale, hôpital Saint-
Louis, 1868. — Pitié, 1869, 1870, 1871. — Charité, 1872.

Cours d'accouchements professé à la Maternité pendant
les années 1864, 1865, 1866.

Leçons sur l'organisation de l'homme. Association philo-
technique, 1865 et 1866.

Cours d'hygiène appliqué à l'architecture. École centrale
d'architecture, 1866, 1867, 1869.

Cours complémentaire d'ophthalmologie de la Faculté
en 1868, 1870, 1871 et 1872 (semestres d'été).

TRAVAUX SCIENTIFIQUES

PATHOLOGIE CHIRURGICALE

1. *Etudes sur les fractures du crâne.*

(Mémoire inédit.)

Ce mémoire, rédigé pour le concours des prix de l'internat en 1851, repose sur de nombreuses observations et sur trente expériences sur le cadavre. Les résultats de ces expériences ont été conservés et forment une collection de presque toutes les variétés et fractures du crâne. Ces expériences ont conduit l'auteur à nier, sinon la possibilité, au moins l'existence des fractures dites par contre-coup. A cette partie expérimentale est jointe une étude détaillée des symptômes. — Ce travail obtint du ury la note la plus élevée.

2. *Etudes sur les accidents cérébraux dans les chocs de la tête.*

(Mémoire inédit.)

Seconde partie du travail précédent, présentée au concours des prix de l'internat pour 1852. Ici encore l'auteur a suivi la voie expérimentale. Des autopsies de cerveaux de bœufs assommés et des expériences variées sur les chiens lui ont prouvé que les troubles fonctionnels persistants coïncident toujours avec des lésions anatomiques importantes ; que la compression cérébrale doit être considérable ou subite pour produire des symptômes caractéristiques ; qu'enfin les lésions cérébrales peuvent siéger loin du point du choc et même à l'opposé, contrairement à ce qui a lieu pour les fractures. Cette dernière circonstance offre une importance capitale au point de vue de l'intervention chirurgicale. D'ailleurs, l'étude des symptômes, divisés en immédiats, consécutifs ou de réaction, et tardifs, prouve que les symptômes de réaction, dus à l'inflammation de la pulpe cérébrale ou de ses membranes, sont les plus fréquents, les plus graves et la cause la plus commune de la mort.

3. *Plaies de tête, accès épileptiformes, écoulement de sang par l'oreille. Fracture longitudinale du rocher. Contusion cérébrale.*

(*Bulletin de la Société anatomique*, 1850.)

Observation établissant les rapports qui existent entre la nature de l'écoulement auriculaire et la direction de la fracture du rocher. Dans les fractures parallèles à l'axe du rocher, c'est du sang qui s'écoule. Pour qu'il y ait un écoulement séreux, il faut que le trait de fracture mette en communication le fond du conduit auditif interne avec l'oreille externe, ce qui a lieu le plus souvent dans les fractures perpendiculaires à l'axe.

4. *Quatre pièces pathologiques relatives aux signes des fractures du crâne.*

(*Bulletin de la Société anatomique*, 1852, page 212.)

Écoulements séreux et sanguins par l'oreille. — Compression du bulbe rachidien.

5. *Contusion et compression cérébrales.*

(*Bulletin de la Société anatomique*, 1852, page 531.)

Mort en quelques heures. Caillot sanguin volumineux. Signes de compression. Contusion cérébrale en un point diamétralement opposé au choc.

6. *Mémoire sur les conditions de résistance du crâne.*

(*Bulletin de la Société anatomique*, 1855, page 121.)

Résumé sous forme didactique de la partie expérimentale du Mémoire n° 1.

7. *Rapport sur un cas de fracture du rocher.*

(*Bulletin de la Société anatomique*, 1856, page 129.)

Examen des conditions nécessaires pour la production de l'écoulement séreux ou de l'écoulement sanguin par l'oreille. Discussion de deux observations importantes, l'une de M. Ferri, l'autre de M. Prescott-Hewett, où l'on avait constaté un écoulement séreux auriculaire sans fracture du rocher, observations qui tendraient à renverser toutes les opinions reçues. Ces faits ne sont pas de nature à entraîner la conviction.

8. *Rapport sur un cas de fracture du crâne avec enfoncement des condyles de l'occipital.*

(*Bulletin de la Société anatomique*, 1862, page 93.)

M. Berchon avait exposé, avec une observation très-concluante, que dans certains cas, la fracture du crâne se produit sous l'influence d'un mécanisme spécial : le crâne est écrasé entre le sol et la colonne vertébrale. Ces sortes de fractures ne peuvent se produire que dans les précipitations d'un lieu élevé ; elles sont très- considérables et déterminent une mort rapide par compression du bulbe ou de la protubérance, le pourtour du trou occipital étant fracturé. Après examen détaillé du fait de M. Berchon, M. Trélat adopte son explication et cite un cas qu'il a observé lui-même. Les pièces pathologiques sont reproduites dans une planche lithographiée.

9. *Note sur les lésions encéphaliques anciennes et les déchirures viscérales qui peuvent déterminer la mort à la suite des chutes sur la tête.*

(*Bulletin de la Société de chirurgie*, 1860, page 452.)

La rapidité de la mort consécutive à des fractures du crâne pourrait être attribuée à la commotion cérébrale dans bon nombre de cas, si l'on ne tenait compte des ruptures qui peuvent siéger sur le foie, la rate, le cœur, et qui ont été constatées dans quelques autopsies. D'autre part, il faut noter les kystes séreux ou purulents du cerveau dont la préexistence aggrave singulièrement le traumatisme.

10. *Observation de luxation traumatique de la quatrième vertèbre cervicale sur la cinquième.*

(*Bulletin de la Société anatomique*, 1851, page 252, et thèse de concours de M. le professeur Richet, page 94.)

11. *Sur l'anatomie pathologique de la luxation intra-coracoïdienne.*

(*Bulletin de la Société de chirurgie*, 1863, page 506.)

On ne peut établir que cette luxation ne puisse se produire que grâce à l'arrachement de la grosse tubérosité humérale. L'auteur prouve par des faits que le trochiter peut être arraché sans qu'il y ait de luxation intracoracoïdienne et, inversement, que le trochiter est écrasé et non arraché dans les observations de Malgaigne, MM. Denonvilliers et Nélaton.

12. *Luxation ancienne du radius en avant.*

(*Bulletin de la Société de chirurgie*, 1860, page 441.)

Pièce trouvée sur un cadavre. Description détaillée. Discussion des caractères anatomo-pathologiques et conclusion pour une luxation traumique incomplète datant de l'enfance. En tout cas, c'est un fait important, puisqu'on ne connaît qu'une seule autopsie (faite par Malgaigne) de luxation de cette espèce.

13. *Sur la luxation ischio-pubienne complète.*

(Rapport. — *Bulletin de la Société anatomique*, 1859, page 199.)

Rareté de cette luxation complète. Fréquentes difficultés pour bien sentir la tête fémorale. Cas où la luxation a été méconnue par ce motif.

14. *Des fractures de l'extrémité inférieure du fémur.*

(Thèse inaugurale, 1854. — Reproduite avec figures dans les *Archives générales de médecine*, 5ᵉ série, t. IV, pages 56, 164, 564.)

Cette thèse représente l'histoire complète des fractures condyliennes du fémur, à l'époque où elle a été composée. Toutes les observations alors connues ont été consultées. Ces observations, au nombre de trente-cinq, ont permis d'établir beaucoup plus complétement que cela n'avait été fait, malgré les travaux antérieurs de Malgaigne, les conditions d'âge qui favorisent la production de chaque variété de fracture, les signes sur lesquels on peut fonder le diagnostic souvent difficile, leur pronostic très-variable suivant le siége, enfin le traitement qui était pour ainsi dire abandonné au caprice des chirurgiens.

15. *Sur la fracture d'un seul condyle du fémur.*

(*Bulletin de la Société anatomique*, 1863, page 153.)

Au moment où il écrivait sa thèse, M. Trélat avait réuni douze cas de fracture unicondylienne. Trois nouveaux cas étant venus à sa connaissance, et M. Cornaz (de Neufchâtel) ayant publié un travail sur le sujet, il examine les conséquences de ces faits récents et s'attache particulièrement à démontrer que le sens des mouvements anormaux de la jambe n'indique ni la variété de fracture, ni de quel côté est placé le condyle fracturé. Ce diagnostic repose exclusivement sur les déformations locales.

16. *Fracture des deux rotules chez deux frères.*

(*Bulletin de la Société de chirurgie*, 1862, page 491.)

Ces quatre fractures ont été produites par effort musculaire : chez le frère aîné à vingt-trois et vingt-cinq ans,

chez le plus jeune à vingt-huit et trente ans. Cette cu-
rieuse coïncidence, qu'aucun auteur n'a mentionnée,
semble attester une prédisposition commune tenant à la
vigueur du système musculaire chez les deux individus.

17. *Note sur une exostose sous-unguéale.*

(*Bulletin de la Société anatomique*, 1861, page 325.)

18. *Plaies de la paume de la main.*

(*Gazette des hôpitaux*, 1852.)

Kystes du maxillaire inférieur.

(*Gazette des hôpitaux*, 1852.)

Rédaction de deux leçons de M. le professeur Nélaton.

19. *Note sur les difficultés du diagnostic des lipomes de la paume de la main ; avec une observation.*

(Société de chirurgie, séance du 29 avril 1868.)

20. *De la nécrose phosphorée.*

(Thèse de concours pour l'agrégation, 1857.)

Ce travail est le plus complet qui ait paru en France
sur le sujet. Il repose dans toutes ses parties sur le chiffre de 132 observations. Ces riches matériaux ont per-

mis à l'auteur d'arriver à des conclusions précises sur la gravité absolue de la nécrose par le phosphore, sur la gravité relative de la nécrose portant sur l'un ou l'autre maxillaire, sur la marche lentement envahissante de la mortification, enfin sur l'inutilité de l'intervention opératoire tant que la nécrose n'est pas complétement limitée.

21. *Fonctions du périoste. — Applications chirurgicales.*

(*Annuaire scientifique de Dehérain*, 1865. — Charpentier, éditeur.)

Article critique où sont exposés et discutés les résultats obtenus et les résultats à espérer des opérations périostées. Examen du sujet au point de vue de la question posée pour le prix de l'Institut : conservation des membres par la conservation du périoste.

22. *Anévrysme artériel, poplité droit. — Compression mécanique. — Flexion de la jambe. — Compression digitale. — Guérison. — Examen des méthodes.*

(*Bulletin de la Société de chirurgie*, 2ᵉ série, t. X, page 346.)

23. *Expulsion d'un œuf abortif et d'une caduque renversée. — Rapport.*

(*Bulletin de la Société anatomique*, 1855, page 376.)

Importance comme cause d'avortement précoce, des hémorrhagies de la caduque réfléchie. Les caillots s'accumulent entre la caduque et le chorion.

24. *Sur le rôle du bord tranchant des orifices herniaires.*

(*Bulletin de la Société de chirurgie,* 1863, page 116.)

Ce bord est un agent de section de l'intestin ulcéré ;
il favorise même l'ulcération, mais à lui seul il est absolument insuffisant pour déterminer l'étranglement. — En
réponse à **M.** Chassaignac qui soutenait la doctrine con-
traire.

25. *Hernie crurale étranglée. — Opération. — Fistule
stercorale consécutive. — Guérison.*

(*Bulletin de la Société de chirurgie,* 1863, page 480.)

S'il existe des adhérences entre l'anse herniée et le
canal herniaire, une fois l'étranglement levé, il vaut
mieux laisser l'intestin en place. Si l'intestin doit se
rompre tôt ou tard, cette conduite réserve les meilleures
chances de guérison, tandis que la réduction de l'intestin, en détruisant les adhérences, expose à un épanchement de matières fécales dans le péritoine. Influence
d'un purgatif pour achever la guérison de la fistule stercorale.

26. *Sur un cas de mort survenu quelques heures après une opération de hernie étranglée.*

(*Bulletin de la Société de chirurgie, 1871.*)

Recherche et discussion des causes de la mort, abstraction faite des perforations : chloroforme, algidité, cyanose, actions réflexes résultant directement de la stricture intestinale.

27. *Adhérences de l'intestin au sac, dans les hernies récentes, simulant l'étranglement.*

(*Bulletin de la Société de chirurgie, 1871.*)

Chez deux malades, deux femmes atteintes de hernies crurales, les phénomènes d'étranglement dataient de onze et quinze jours. Leur aggravation régulière conduisit à l'opération. Les deux malades guérirent. Il n'y avait pas d'étranglement, mais l'interruption du cours des matières fécales était produite par des adhérences récentes et solides entre l'intestin et le fond du sac. Ces adhérences disséquées donnèrent lieu à un notable écoulement de sang réprimé par le perchlorure de fer et le stylet rougi. — Ces adhérences, qui déterminent un pseudo-étranglement (lequel, d'ailleurs, ne peut être guéri que par une opération), sont très-peu connues et ont même été niées formellement par des chirurgiens de mérite. — Les deux cas cités par M. Trélat, auxquels

M. Léon Labbé en a joint un troisième, en démontrent incontestablement l'existence. — Ces faits jettent un jour sur certains cas décrits sous le nom d'étranglement chronique.

28. *Sur un cas de kystes de testicule de l'espèce décrite par A. Cooper, sous le nom d'hydatide ou maladie enkystée du testicule.*

(Archives générales de médecine, 5ᵉ série, t. III, page 18.)

Mémoire sur cette maladie rare, à propos d'un cas remarquable observé dans le service de M. le professeur Nélaton. Étude sur la nature propre de l'affection et sur ses signes cliniques.

29. *Thrombus du vagin.*

(Thèse du docteur Perret, Tumeurs sanguines intra-pelviennes, etc., 1864.)

La gravité de ces thrombus provient de leur siége anatomique. Limités vers l'extérieur, ils fusent vers le tissu cellulaire sous-péritonéal, et, outre les accidents propres au foyer sanguin, produisent fréquemment une péritonite mortelle. Difficulté et même impossibilité d'évacuer tous les caillots sanguins qui sont inaccessibles ou retenus dans les mailles du tissu cellulaire.

30. *Tumeur hématique ancienne siégeant sur le bras droit.* — Rapport.

(*Bulletin de la Société anatomique*, 1860, page 334.)

A l'occasion de cette tumeur dont le diagnostic n'avait pu être fait d'une manière rigoureuse, l'auteur étudie les conditions dans lesquelles certains éléments du sang peuvent former des tumeurs permanentes. Il montre qu'une fois constituées, ces tumeurs ont une évolution particulière, et qu'elles peuvent, sous certaines influences, augmenter de volume. Il s'attache à établir leurs caractères cliniques, qui sont mal déterminés et délicats à saisir. Le plus souvent, en effet, ces tumeurs ont donné lieu à des erreurs de diagnostic ; on les a prises pour des fibromes ou des lipomes enflammés, abcédés ou distendus par un épanchement sanguin, et même pour des cancers ramollis. Enfin, par la comparaison avec les rares faits analogues qui existent dans la science, il montre que ces tumeurs peuvent s'enflammer et récidiver pour peu que l'ablation n'ait pas été radicale.

31. *Tumeurs lymphatiques.*

(*Bulletin de la Société de chirurgie*, 1864, pages 306 et 433.)

Cas remarquable de tumeurs symétriques, siégeant dans le triangle de Scarpa et constituées par la dilatation variqueuse des vaisseaux et ganglions lymphatiques.

A propos de ce fait, qui malheureusement devint trop complet, M. Trélat signale l'incontestable influence des pays chauds, et en particulier des îles Bourbon et Maurice, sur le développement de ces tumeurs; presque tous les cas vus en France en proviennent. Il indique les erreurs de diagnostic commises par des chirurgiens habiles, les troubles généraux qui coïncident avec ces sortes de tumeurs, leur marche insidieuse, la difficulté de la thérapeutique et le danger de leur ablation. La seconde partie de ce travail prouve que les plus petites opérations sanglantes, même dans un point éloigné des tumeurs, peuvent déterminer chez ces malades des accidents formidables et rapidement mortels, qui semblent révéler une intoxication ; que l'étendue des lésions échappe complétement, sur le vivant, aux investigations du chirurgien, et que ce fait doit inspirer la plus grande réserve et même de la défiance au point de vue du pronostic. De ces faits résultent les deux conclusions suivantes : le seul traitement innocent et efficace est la compression ; il faut, chez ces malades, s'abstenir de toute opération.

32. *Varices lymphatiques du réseau superficiel de la verge et du scrotum.*

(*Bulletin de la Société de chirurgie,* 2ᵉ série, t. X, page 439.)

33. *De la marche rapide de certains enchondromes ; avec deux observations.*

(Société de chirurgie, séance du 6 mai 1868.)

34. *Phlébite consécutive au furoncle et à l'anthrax.*

(*Bulletin de la Société de chirurgie*, 1865, page 451.)

Note sur les différents cas où cette redoutable complication a été observée.

35. Article *Anthrax*.

(*Dictionnaire encyclopédique des sciences médicales*, t. V, page 260.)

Article didactique où sont consignés les faits scientifiques récemment acquis : influence des maladies générales et des diathèses ; complications diverses de l'anthrax ; procédés de traitement nouveaux ou renouvelés.

36. *De la laryngite syphilitique. — Nature et diagnostic des lésions.*

(*Bulletin de la Société de chirurgie*, 2ᵉ série, t. X, page 169.)

La laryngite syphilitique appartient le plus souvent aux phénomènes tertiaires les plus reculés, cinq à vingt ans. Sa marche est insidieuse et rend le diagnostic difficile, si l'on ne soupçonne pas la véritable cause. Le traitement spécifique est très-efficace, et faute de traitement les accidents s'aggravent d'une manière redoutable.

37. *Note sur l'ulcère tuberculeux de la bouche et en particulier de la langue.*

(Lu à l'Académie le 27 novembre 1869. — *Archives*, janvier 1870, et tiré à part en brochure.)

Trois points sont mis en lumière dans ce travail. Contrairement à ce qui avait été avancé, l'auteur prouve que ces ulcères sont réellement dus à la fonte de tubercules ; — qu'ils peuvent se montrer en l'absence de la tuberculose pulmonaire ; — qu'ils ne sont point une conséquence de cette maladie, mais dépendent de la même cause générale qu'elle ; — enfin, que leur diagnostic objectif repose sur des caractères pathognomoniques.

38. *Malformation de la voûte et du voile du palais, circonstances exceptionnelles.*

(*Bulletin de la Société de chirurgie*, 2ᵉ série, t. VIII, page 450.)

39. *Vice de conformation du voile du palais. — Etiologie. — Rapport entre la brièveté de la voûte palatine et la cacophonie spéciale.*

(*Bulletin de la Société de chirurgie*, 2ᵉ série, t. X, page 402.)

Les numéros 38 et 39 sont relatifs à des faits de grande importance et généralement ignorés. Ils fournissent la preuve que des divisions congénitales du voile du palais peuvent guérir spontanément après la naissance ; que des divisions du voile peuvent survenir spontanément après la naissance; enfin, que la brièveté et l'insuffisance de la voûte osseuse sont la véritable cause de la cacophonie dans les malformations de la voûte et du voile du palais. Ces faits, joints à ceux de Passavant et d'Ehrmann (de Mulhouse), sont démonstratifs.

40. *Formes graves et compliquées des phlegmons de la région sus-hyoïdienne.*

(*Gazette des hôpitaux*, 1869, n° 74.)

Fusées purulentes, phlébites, gangrène par propagation et concomitante.

41. *Des dents surnuméraires au point de vue du diagnostic des tumeurs du maxillaire.*

(*Bulletin de la Société de chirurgie*, 1862, page 356.)

M. Trélat cite, contre une assertion de M. Richard, les faits assez nombreux de dents surnuméraires à siége normal et à siége anormal. Il montre que dans deux cas, ces dents surnuméraires ont été l'origine de tumeurs alvéolo-dentaires, que par conséquent la présence de toutes les dents normales, à leur place, ne prouve pas qu'une tumeur ne soit pas un kyste alvéolo-dentaire.

42. *Interruption ou division congénitale de l'intestin grêle près du cæcum.* — Rapport.

(*Bulletin de la Société anatomique*, 1858, page 243.)

Ces oblitérations, qu'on a cherché à expliquer par un désordre pathologique, une section par une bride, doivent être attribuées à une anomalie du développement. Leur siége vers la fin de l'intestin grêle et leur forme témoignent qu'elles sont produites par une constriction exagérée du pédicule intestino-vitellin au moment où il s'efface et où l'anse primitive rentre dans l'abdomen. Cette anomalie est fort rare, parce que la disparition du pédicule ombilical est un temps précoce de l'évolution embryonnaire.

43. *Sur l'ouverture de l'intestin dans une vessie exstrophiée.*

(*Bulletin de la Société anatomique*, 1862, page 156.)

Cette disposition est un simple arrêt de développement dans l'acception propre du mot; c'est la persistance de l'état fœtal vers le vingt-cinquième ou le trentième jour. Le rectum et l'anus manquent fatalement. Ces propositions n'avaient pas cours dans la science quand elles furent énoncées.

44. *Sur les oblitérations congénitales de l'anus et du rectum.*

(*Bulletin de la Société de chirurgie*, 1862, page 157.)

Étude des indications chirurgicales dans les différents cas qui peuvent se présenter. Défense de cette proposition : le siège et l'étendue des oblitérations pouvant varier, il faut avant tout apprécier ces conditions pour pouvoir instituer une opération utile. La méthode devra varier suivant le diagnostic établi. Moyens de diagnostic. Conduite à tenir suivant les cas.

45. *Sur une oblitération ano-rectale.*

(*Bulletin de la Société de chirurgie*, 1862, page 565.)

Opération laborieuse par la méthode périnéale. Mort de l'opéré. Dans des cas analogues, la méthode de Littre donnerait de meilleures chances de succès.

46. Article. *Vices de conformation de l'anus et du rectum.*

(*Dictionnaire encyclopédique des sciences médicales*, t. V, page 429.)

Article étendu. Les points nouveaux sont : la simplification des espèces rapportées toutes à leur origine tératologique ; une étude très-détaillée des moyens de diagnostic et des indications opératoires.

47. *Cas rare d'ectromélie portant sur les deux derniers doigts et métacarpiens de la main droite, sur un adulte vigoureux et bien conformé du reste.*

(*Bulletin de la Société de chirurgie*, 2e série, t. X, page 168.)

48. *De l'hypertrophie unilatérale totale ou partielle du corps.*

(*Archives générales de médecine,* mai et juin 1869. — Tiré à part en brochure de 53 pages. — En collaboration avec M. Ch. Monod.)

Monographie originale et complète sur ce sujet très-peu connu, qui n'a jusqu'ici été l'objet d'aucun travail d'ensemble. Toutes les observations de la littérature médicale y sont réunies et ont permis de tracer l'histoire de cette singulière affection congénitale, dont la marche progressive et surtout la cause appellent de nouvelles recherches et soulèvent les plus difficiles problèmes de pathogénie. L'auteur pense que la lésion première de l'hypertrophie unilatérale est une paralysie vaso-motrice incomplète, dont le résultat serait une sorte d'éléphantiasis vasculaire sanguin, tandis que la maladie qui porte habituellement ce nom est un éléphantiasis lymphatique. Dans quelques cas rares, ces deux variétés se réunissent sur des parties différentes du même individu et quelquefois sur une même partie.

49. *Compte rendu des travaux de la Société anatomique pour* 1856.

(*Bulletin de la Société anatomique*, 1856, page 624)

50. *Compte rendu des travaux de la Société de chirurgie pour* 1864.

(*Bulletin de la Société de chirurgie*, 1864, page 649.)

51. *Compte rendu des travaux de la Société de chirurgie pour* 1871.

(*Bulletin de la Société de chirurgie*, 1871.)

MÉDECINE OPÉRATOIRE

52. *Décollement très-profond du rectum guéri par la méthode du pincement ou de Gerdy.*

Ce travail, dont la publication avait été votée par la Société de chirurgie (7 juillet 1858), a été égaré. Il a pour base un cas de décollement du rectum consécutif à un vaste abcès. Au fond du foyer on sentait la symphyse sacro-iliaque. Trois applications de l'entérotome divisèrent longitudinalement la paroi de l'intestin dans une hauteur de 12 centimètres. Le malade guérit complétement. Au bout de trois mois il n'y avait ni rétrécissement, ni incontinence des matières fécales. C'est un des cas de succès les plus probants en faveur de la méthode.

53. *De la résection du coude.* — Rapport.

(*Bulletin de la Société de chirurgie*, 1862, page 202.)

C'est une étude succincte, mais complète, sur la résection du coude. Plusieurs questions neuves y sont traitées ou indiquées : la gravité absolue de ces opérations, la gravité relative des résections pour cause pathologique

ou pour cause traumatique, l'étude des résultats défini-
tifs, celle des accidents et des causes qui favorisent ou
entravent la formation de la pseudarthrose, la quantité
d'os qu'on peut enlever sans compromettre le succès,
enfin le choix entre les procédés opératoires. L'auteur se
prononce, en dehors de toute idée de régénération, mais
surtout au point de vue opératoire, pour l'opération sous-
périostée précédée d'une incision extérieure, en ⊣.

54. *Étude sur les résultats statistiques des opérations
pratiquées dans les hôpitaux de Paris.*

(*Mémoires de l'Académie de médecine*, t. XXVII, page 127.)

Les dépouillements nécessités par ce travail ont de-
mandé plusieurs mois. Ils représentent quatre-vingt-dix-
neuf ans de pratique hospitalière, soit dix ans environ
pour chacun des dix hôpitaux dont les registres ont été
étudiés. Ce relevé considérable, qui, dans beaucoup de
points, confirme celui de Malgaigne, porte sur un nombre de faits double de celui-ci. Il repose sur 1168
grandes amputations ou désarticulations, 619 amputations ou ablations de métacarpiens, métatarsiens, doigts
et orteils, 170 résections, 419 hernies opérées ; en tout
2376 opérations. Le résultat des opérations est recherché
suivant la cause qui les a motivées, suivant le sexe et suivant l'âge des opérés. Ces influences, qui sont sensibles
pour toutes les opérations, acquièrent une réelle importance pour les hernies. Le sexe et l'âge déterminent pour

cette catégorie d'opérations de remarquables différences. Contrairement à l'opinion défendue par Malgaigne, M. Trélat prouve, en étudiant la mortalité dans les deux sexes suivant la série des âges, que si les hernieux fournissent un plus grand chiffre de morts que les femmes hernieuses, ce n'est pas à cause de la forte mortalité du jeune âge (qui ne pèserait que sur les hommes), mais bien en vertu d'une influence générale qui pèse sur toute la durée de la vie chez l'homme, influence qui tient peut-être en partie à la gravité plus grande des hernies inguinales.

Bien que cette étude ne repose pas sur des matériaux aussi exacts que ceux que promet la statistique médicale des hôpitaux (qui, du reste, se fait attendre à en désespérer), l'auteur peut affirmer que tous ses matériaux ont été recueillis avec le soin le plus scrupuleux, que toutes les indications douteuses ont été contrôlées sur les registres d'entrée et de sortie, et qu'en somme, ces études statistiques sont actuellement le seul document récent et important sur les résultats des grandes opérations dans les hôpitaux de Paris.

55. *Note sur le traitement des fractures de la rotule par un nouvel appareil* (avec figures).

(*Bulletin général de thérapeutique*, t. LXIII, page 447.)

La griffe de Malgaigne appliquée sur deux plaques de gutta-percha exactement moulées au-dessus et au-

dessous de la rotule. Deux bandelettes de diachylon em-
pêchent les plaques de basculer sous l'action de la griffe.
Appareil absolument innocent employé avec succès dans
deux cas.

56. *Polype fibreux du larynx, ablation par les voies
naturelles* (lu à l'Académie).

(*Bulletin de l'Académie de médecine*, t. XXVIII, page 624, et *Gazette
des hôpitaux*, 2 mai 1863.)

Après avoir rapporté les tentatives d'extraction des
polypes laryngiens par la bouche, M. Trélat expose les
temps de l'opération qu'il a pratiquée. L'anse d'un serre-
nœud long et mince put être portée sur le pédicule du
polype, qui était fibreux, gros comme une cerise et inséré
à la face interne du repli aryténo-épiglottique gauche. La
malade, qui avait failli succomber à des accès de suffocation plusieurs fois répétés, fut radicalement guérie.

57. *Des indications opératoires dans le traitement des
polypes du larynx.*

(*Bulletin de la Société de chirurgie*, 1864, pages 152 et 196.)

A l'occasion d'un fait communiqué par M. Debrou
(d'Orléans), M. Trélat établit qu'il y a avantage à tenter
l'extirpation par la bouche des polypes fibreux implantés
à l'orifice supérieur du larynx et accessibles aux instru-

ments, que cette opération offre au moins autant de
chances de succès que l'ablation par une voie artificielle,
surtout si la tumeur est volumineuse, que, d'après les faits
connus, il n'y a pas à craindre l'hémorrhagie ni à redou-
ter la récidive, aucune observation ne mentionnant la
récidive d'un polype fibreux ; enfin, qu'en présence d'une
semblable tumeur on ne doit recourir à l'ouverture du
larynx qu'après avoir essayé l'extraction par la bouche.

58. *De la trachéotomie dans les lésions syphilitiques des
voies respiratoires.*

(Lu à l'Académie de médecine. — *Gazette hebdomadaire*, 1869, et tiré à part
en brochure de 32 pages.)

Ce mémoire a pour but d'établir la nature et la marche
des accidents de suffocation, le diagnostic du siége des
lésions et d'insister sur leur pronostic, de manière à formuler nettement les indications opératoires qui peuvent
se résumer ainsi : la trachéotomie donne d'excellents
résultats dans les obstructions laryngiennes. Dès qu'elle
est indiquée, on doit l'exécuter sans délai. Dans les rétré-
cissements de la trachée et des bronches, l'opération doit
être tentée. bien qu'elle offre peu de chances de succès.

59. *De l'œsophagotomie interne dans les rétrécissements cicatriciels de l'œsophage.*

Lu à l'Académie le 18 mars 1870. — *Bulletin de thérapeutique* du 1ᵉʳ avril 1870, et tiré à part en brochure, avec figures.)

A propos d'un succès complet obtenu, à l'aide d'un instrument nouveau, chez un malade dont le rétrécissement était absolument indilatable, l'auteur examine les indications opératoires, étudie les accidents à craindre, et conclut que le succès de toute intervention repose sur un diagnostic rigoureux du siége, de l'épaisseur, de l'étroitesse et de la forme du rétrécissement.

60. *De l'uréthrotomie interne.*

(*Bulletin de la Société de chirurgie.* 1863, p. 221 et 252; tiré à part en brochure avec le n° 61.)

Indications de l'uréthrotomie. Démonstration par la statistique que cette opération donne des résultats très-supérieurs à ceux qu'elle fournissait quelques années avant. Sa mortalité, calculée sur 135 faits, est de 5 pour 100. Quatre observations d'uréthrotomie.

61. *Nouvel uréthrotome* (avec figures).

(*Bulletin de la Société de chirurgie*, 1863, page 244.)

Uréthrotome caché, à point de repère fixe et ne nécessitant pas pour agir le passage d'une olive volumineuse à travers le rétrécissement. Cet instrument a maintenant été employé dans un grand nombre de cas, et en particulier par l'auteur sur huit malades.

62. *Uréthrotomie.*

(*Bulletin de la Société de chirurgie*, 1865, pages 196.)

Trois nouveaux cas d'uréthrotomie interne et un d'uréthrotomie externe suivis de succès.

63. *Sur la lithotritie périnéale.*

(*Bulletin de la Société de chirurgie*, 2ᵉ série, t. X, pages 515 et 523.)

Discours critique sur l'histoire et la valeur de cette opération.

64. *Des fistules vésico-vaginales.* — Rapport.

(Bulletin de la Société de chirurgie, 1863, pages 508 et 535.)

Examen de quelques points du traitement chirurgical des fistules vésico-vaginales : nouvelle suture enchevillée ; époque à laquelle il convient de pratiquer les opérations secondaires ; temps que doivent être laissés en place les fils de suture ; fistules compliquées de l'oblitération de l'urèthre. Cette dernière condition est une cause certaine d'échec ; il faut donc d'abord rétablir l'urèthre ou renoncer à la guérison de la fistule.

65. *Staphylorrhaphie.* — *Modification du procédé opératoire.*

(Bulletin de la Société de chirurgie, 1865, page 303.)

Procédé simple pour placer les fils métalliques. Emploi d'aiguilles fixes, légèrement courbées et ayant le chas près de la pointe. A l'aide de ces aiguilles, on porte derrière le voile, en le traversant, une anse de fil souple qui sert à ramener le fil d'argent. C'est un emprunt au procédé d'Aug. Bérard. Deux malades guéries présentées à la Société.

66. *Rapport sur les résultats de la staphylorrhaphie.*

(*Mémoires de la Société de chirurgie*, t. VI, page 587.)

Étude sur les causes du rétablissement ou du non-rétablissement de la parole à la suite des opérations. L'auteur démontre que ces résultats ne dépendent ni de l'âge des opérés, ni des exercices qu'ils exécutent après l'opération, ni du procédé opératoire, mais exclusivement des conditions anatomiques et tératologiques des parties sur lesquelles on opère. En conséquence, il cherche à formuler les indications de la prothèse et celles de l'ana-plastie.

67. *Palatoplastie. — Modification du procédé de suture.*

(Société de chirurgie, séance du 31 octobre 1866. — *Gazette des hôpitaux*, 1866, n° 134.)

L'une des difficultés de la palatoplastie consiste dans la difficulté qu'on éprouve à manœuvrer les aiguilles et à les faire tourner dans la fente palatine, surtout si la voûte est étroite. Chez la malade qu'avait à opérer M. Trélat (atteinte d'une large perforation accidentelle), cette difficulté provenait de ce que la perforation, située juste en arrière des incisives, ne permettait pas la manœuvre des aiguilles. Le chirurgien se servit d'aiguilles courbées en hameçon portant le chas à la pointe. Avec ces

aiguilles, et par un simple mouvement de ponction d'arrière en avant, il put ramener les deux chefs d'un fil
souple dont l'anse, laissée derrière ou au-dessus du lam-
beau, servit à attirer d'arrière en avant le fil métallique.

Six points de fil d'argent furent placés très-exactement
par ce procédé en vingt-cinq minutes. La malade ainsi
opérée eut une réunion primitive complète, mais au bout
de onze jours un travail lent de rés.rption de la cicatrice
rétablit en partie la perforation, qu néanmoins fut consi-
dérablement rétrécie.

68. *Chéiloplastie. — Modification nouvelle du procédé
opératoire pour un cas de cancroïde occupant toute
la lèvre inférieure et les deux commissures* (avec
figures).

(Gazette hebdomadaire, 1862, page 84.)

Deux lambeaux en forme de jugulaires sont relevés au-
dessus du menton laissé intact et servent à soutenir ces
lambeaux et à les empêcher de s'abaisser. Une photogra-
phie que possède l'auteur témoigne des bons résultats de
l'opération au point de vue plastique.

69. *Note sur une pince-gouge ou pince à résections.*

(Gazette des hôpitaux, 1852.)

70. *Restauration de la face déformée par un coup de feu.
Anaplastie et prothèse combinées.*

(Société de chirurgie, séance du 3 avril 1868. — Avec 3 planches.)

71. *Nécrose phosphorée. — Ablation de la mâchoire
inférieure dans sa totalité. — Guérison. — Prothèse. — Restauration de la face. — Rétablissement
de la parole et de la mastication.*

(Société de chirurgie, séance du 9 février 1870. — Avec figures.)

72. *Nécrose phosphorée du maxillaire inférieur. —
Résection partielle. — Continuation de la nécrose.
— Ablation de toute la partie restante de l'os. —
Prothèse.*

(Société de chirurgie, 10 août 1870 et mars 1871.)

Nouvel exemple très-probant destiné à démontrer l'inutilité des résections dans le tissu réputé sain, tant que la
nécrose phosphorée n'est pas bornée. Avantages de con-
server l'os nécrosé au point de vue de la meilleure forme
à obtenir dans l'os régénéré, ce dernier étant d'autant
plus complet que le périoste est resté plus longtemps en
rapport avec l'ancien os.

73. *Des cataractes traumatiques.*

(*Journal d'ophthalmologie*, février 1872.)

Les indications opératoires sont extrêmement variables et délicates à saisir dans les cataractes traumatiques, qui sont presque toujours des cataractes compliquées. Un examen très-complet de l'œil peut seul éclairer le chirurgien. Si cet examen est satisfaisant, il faut opérer quelles que soient les difficultés d'exécution et malgré les chances connues de n'obtenir parfois aucun résultat optique avec un irréprochable résultat anatomique. Les cas de succès absolu sont loin d'être rares et doivent être recherchés.

HYGIÈNE CHIRURGICALE

74. *Étude critique sur la reconstruction de l'Hôtel-Dieu.*

(Brochure in-8. — Guillaumin, éditeur.)

Ce travail a été le point de départ de l'importante discussion de la Société de chirurgie sur l'hygiène hospitalière, discussion qni mérite à peine ce nom, car elle a été plutôt une manifestation presque unanime. Entre autres choses, l'auteur prouve par des arguments statistiques, restés jusqu'ici sans réplique, que la population hospitalière s'étant déplacée, un Hôtel-Dieu de 800 lits dans la Cité est inutile ; il montre que cet hôpital sera extraordinairement coûteux, et que sa construction ne pourra réaliser les conditions élémentaires de l'hygiène hospitalière. L'avenir seul jugera la valeur de ces assertions ; cependant on peut se souvenir que le plan connu a soulevé parmi les chirurgiens les plus vives critiques ; on sait d'ailleurs que ce plan a subi récemment des modifications fâcheuses, enfin les estimations pécuniaires de l'auteur seront singulièrement dépassées, car déjà l'expropriation coûte près de 25 000 000, ce qui porte à 40 000 000 environ la dépense totale, soit 50 000 francs par lit.

75. *L'Hôtel-Dieu devant le Conseil municipal de Paris.*

(Brochure in-8. — Janvier 1872.)

76. *Deux discours sur l'hygiène hospitalière.*

(*Bulletin de la Société de chirurgie*, 1864, pages 493 et 413.)

Outre ces deux discours étendus, l'auteur a pris part
un grand nombre de fois à la discussion, soit pour répon-
dre à quelques argumentations, soit pour faire connaître
des documents particuliers. C'est lui qui a présenté et dé-
fendu, au nom de quelques-uns de ses collègues, les conclusions générales qui ont été votées par la Société de
chirurgie.

77. *Les hôpitaux ; assistance et hygiène.*

(*Annuaire scientifique de Dehérain pour* 1866. — Charpentier, editeur.
Tiré à part en brochure.)

Examen général de la question. Bases de l'hygiène
hospitalière. Les besoins de l'assistance et ceux de l'hygiène sont contradictoires au premier abord, l'une con-
duisant à l'encombrement, l'autre nécessitant des locaux
spacieux et peu habités. L'auteur démontre la possibilité
de concilier ces deux indications sans en sacrifier aucune.
Étude des moyens de réalisation : organisation du traitement extérieur, consultations, médicaments, argent ; —

hospices temporaires suburbains destinés à donner l'assistance pendant la maladie, c'est-à-dire à recevoir les valétudinaires, les indisposés, certaines affections chroniques ; — hôpitaux spacieux, parfaitement aménagés, exclusivement consacrés au traitement. Économie de cette organisation.

78. *Discours sur l'hygiène des Maternités.*

(*Bulletin de la Société de chirurgie*, 1866, pages 148 et 175.)

Ce discours, qui a occupé deux séances de la Société de chirurgie, est un mémoire. Il repose sur des recherches statistiques faites sur quarante années de pratique de la Maternité de Paris, comparées à dix années de l'ancien Hôtel-Dieu et à divers hôpitaux étrangers. Ces recherches précises ont permis à l'auteur d'établir l'influence que l'état des Maternités exerce sur le résultat des opérations obstétricales, l'influence du séjour des femmes enceintes dans les Maternités sur la fréquence des affections puerpérales, l'influence des saisons, des mois et des constitutions atmosphériques annuelles ; il montre que lorsque ces constitutions sont générales, des résultats identiques ou analogues, bons ou mauvais, se remarquent dans différents pays, tandis que les résultats varient quand les constitutions atmosphériques sont dissemblables. Enfin, il s'efforce de prouver par les faits que les véritables causes de la mortalité dans les Maternités sont : l'infection hospitalière, bien distincte de la malpropreté et de l'insalubrité, et la contagion, dont la fréquence et l'intensité varient suivant l'état sanitaire des établissements. Il conclut dans le sens des conclusions qu'il a défendues, et qui ont été votées par la Société.

79. *Etude sur l'origine, la marche et la terminaison des maladies puerpérales dans les Maternités.*

(*Annales d'hygiène publique et de médecine légale, 1867.*)

Tiré à part en brochure de 52 pages, avec tableaux et tracés graphiques indiquant la marche de la mortalité, de l'influence du séjour des femmes enceintes dans les Maternités, des opérations obstétricales, des saisons et des mois, etc.

SUJETS DIVERS

80. *Eloge de Lenoir, lu à la séance solennelle de la Société anatomique*, 1868.

(*Bulletin de la Société anatomique*. 1860, page 506.)

81. *Notice biographique sur Velpeau.*

(*Annuaire scientifique de Dehérain*, 1868.) — V. Masson, éditeur.)

82. *Éloge de Velpeau.*

(Prononcé à la séance annuelle de la Société de chirurgie. — Janvier 1869.)

83. *Éloge de Laborie.*

(Prononcé à la séance annuelle de la Société de chirurgie. 12 Janvier 1870.)

84. *Leçon sur Félix Wurtz.*

(Conférences historiques faites à la Faculté en 1865, page 237. — G. Baillière, éditeur.)

85. Article *Airigne*.

(*Dictionnaire encyclopédique des sciences médicales*, t. II, page 335.)

86. Article *Albinisme*.

(*Dictionnaire encyclopédique des sciences médicales*, t. II, page 401.

Article étendu, où l'albinisme est étudié sous le triple rapport anthropologique, physiologique et pathologique. Examen des conditions visuelles de l'œil d'albinos.

87. *Du mouvement de la population en France.*

(*Annuaire scientifique de Dehérain*, 1868. — V. Masson, éditeur.
— Reproduit par la *Revue nationale*. — Janvier 1868.)

Article étendu. — Examen et critique des nombreux documents produits sur la question. Étude générale des influences qui agissent sur le mouvement d'une population quelconque : natalité, mortalité, émigration, immigration, etc.

88. Article *Anthropophagie*.

(*Dictionnaire encyclopédique des sciences médicales*, t. V, page 301.)

89. *Compte rendu médico-chirurgical* (classe **XII**) *de l'Exposition universelle de 1855.*

(In *Visite à l'Exposition*, sous la direction de M. Tresca, par une réunion de professeurs et de savants. — Hachette, éditeur.)

La classe **XII** comprenait tous les objets relatifs à l'hygiène, la pharmacie, la médecine et la chirurgie. La majeure partie de cette étude est consacrée aux questions relatives à l'hygiène.

90. *Compte rendu chirurgical de l'Exposition de 1867.*

(*Archives générales de médecine*, 5ᵉ série, t. VI, page 362.)

91. *Instruments et appareils de médecine et de chirurgie à l'Exposition universelle de Londres, 1862.*

(*Annales du Conservatoire des arts et métiers.* — Études sur l'Exposition de Londres, 1862-1863, pages 470 et 716.)

92. *Introduction à un cours d'anatomie appliquée aux beaux-arts.*

(Brochure in-8, 1863.)

L'idée principale développée dans ce travail est que l'anatomie des artistes est surtout l'étude des formes du mouvement, ou mieux des changements de forme produits par les mouvements et des harmonies fonctionnelles de ces changements.

93. *Introduction à un cours d'hygiène appliquée à l'architecture.*

(In *l'Amphithéâtre de l'École centrale d'architecture* en 1865-1866. — Morel, éditeur. — Tiré à part en brochure.)

94. *Discours prononcé à la distribution des prix des élèves sages-femmes de la Maternité de Paris, 24 juin 1864.*

(Procès-verbal administratif de cette séance.)

FIN

PARIS. — IMPRIMERIE DE E. MARTINET, RUE MIGNON, 2.

9 782019 640408